능선을 향하여

능선을 향하여

박지훈 시집

月刊文學 출판부

| 단상 斷想 |

이 땅에 태어나
유소년 청장년 노년기에 이르기까지
수많은 사연으로 잠을 설치는 밤도 있다
쌓인 팩트들은 한 편의 소설 소재이며
누구나 드라마틱한 소설의 주인공이 될 수 있다고 한다

석양의 언덕에서
지난 세월을 반추해 보면
다사다난한 인생 여정의 연속이다
영혼의 내밀하고 진솔한 목소리를 담은
선율을 시(詩)로 표현하기 위해 고심했으나
거리감을 느낀다

삶의 현장에서

보고 느낀 점을 기저에 놓고

틈틈이 한편씩 습작해 두었다

문예지 등으로 발표한 내용도 일부 담았다

요철은 많으나 여운을 남길 수 있다면 보람이 되겠다

등단으로부터 성원해주신 선배 동료 문학인과

시심을 일깨워 주신 모든 분에게 감사드린다

경자년 세모에 골든힐 서재에서

박지훈

차례

줌 렌즈2

그리운 소도 3

능선을 향하여 4

광야를 지나 5

| 작품해설 |

1
여명

고운 꿈

누구나
꿈을 품고 산다

나아갈 길
소망의 그릇

상상력에서
실행이 요체이다

고운 꿈 나래에
미래의 삶은
밝은 등불이다

If you can dream it
You can do it!

큐 앤 에이(Q & A)

문제마다
답을 동반한다

성심성의를 다해
기도하면서
회답을 찾아가노라면

갑갑한 영혼
쉼을 얻으리

나들이

세상인심
박하다고
탓한들 무엇하리

배우고 닦으면
넓어지나니

귀한 걸음
보람 삼아
잘살아 보세

아쉬움

금(金) 같은
귀한 시간
어느덧
다 지나갈까 보냐

옥을 굴리듯
한 일도 많다마는

순간을 아끼며
다독인다

시그널

최고의 경지
이르는 과정은
힘들고 고되다

진실성은
만민의 공유물

상상의 밑그림
스케치는
기본을 다지는
전조 신호이다

아브람

부름 받은 몸
고향을 등지고

젖과 꿀이
흐르는 약속의 땅
새 영역으로 가는
존경받는 아버지 모습

믿음의 조상으로
신앙의 역할 모델

지존자의 벗으로
삶과 가치관이
영적 거장 아브라함으로
면면히 이어온다

지혜

최상의 품성
타고난 걸까

은혜로운 삶
쌓인 지혜 산물

주인장의 모습
그저 보암직하다

기대

이른 새벽
멀리서 들려오는
은은한 예불 소리
중생의 마음
가다듬는다

고요의 바다로
나아가는 돛단배
만선의 부푼 가슴
설레게 한다

손뼉 치며
종을 울리며
빛을 보리라

인내

성과물은
정밀을 필요로 한다
조금이라도
빈틈을 두는 순간
희망은 점점 엷어진다

참고 버티어야 한다
창공을 바라보며
도움이 어디서 올까
스스로 돕는 자를
돕는다

복원

조용한
아침의 나라
동편의
예의 바른 나라

이웃의 아픔을
내 몸 같이
기쁠 때나 슬플 때나
공유하던 순결

영광은
안개 속에서 헤맨다
자연의 복원은
순환을 기린다

순풍

산마루에 오르면
한 모금의 순풍을
머금는다

어디에서 와
어디로 가는지
조급하지도 않고
규칙과 질서를 지키려는 듯
고요가 깃든다

언젠가
강한 바람으로
변할지 모름을
자제라도 하며
뭉게구름 저편으로
서서히 흘러간다

숨결

겹의 세월
흘러도
변하지 않는
선조의 얼

작품마다
숨결이 흐른다

박물관 윈도우
너머로 진열된
정교한 유물
은밀한
만남에
고개를 떨군다

삶의 자세

어지럽고
풍파 많은 세상
삶의 양상도
다양하다

세월에 삶을 맡기는 이
기회를 기다리는 이
목표를 위한 노력형

영혼을 깨우면서
햇살 드리운
창밖을 바라보며
꿈을 펼치는 장인
무언의 박수를 보낸다

덕분에

들을수록
뿌듯하고
힘 나는 우리말

그 속에는
사랑 은혜 감사를
담고 있다

오늘도
인생길에
부모님 친지 모두의
덕분에 삶의 주인공으로
살아간다

사랑하는 분과
함께하는 덕분에
기력을 되돌린다

여명

칠흑 같은
깊은 밤
숨이 가쁘다

시간과의
힘겨루기
새벽을 깨우리

내공을
쌓아가는
인내의 실험대

깊은숨
들어내시고
하늘을 향하여
자연의 섭리에
환호하는 날
오리라

마스크

버스
지하철
거리에는
꽃받침 없는
꽃봉오리들
코와 입을 감싼 가면
해괴망측도 하다

약국 앞
늘어선 행렬
금일 물량 품절
원색의 독백이
흘러나온다

유한 역병이
사라져
본연의 모습으로
회귀하기를 염원해 본다

흙수저

시류(時流)에 편승
신조어가 고개를 내민다
유언비어도 한 몫 한다

타고난 신분
금 은수저 도열하듯
좋은 가문 환경 등에 업고
순탄한 길 항해하는 귀족층

곤궁한 형편
각고의 노력은 벽을 넘어
윗 대열로 진입하기도 한다

어느 부류든
함께하는 세상 공동선(善)을 위해
열정과 성실은 반석이요
자족하는 마음
행복한 삶의 원천이라오

좋은 만남

인생을 살다 보면
많은 사람을 만나게 된다
생각만 해도 엔돌핀이 일어나는 귀인(貴人)
마음에 상처를 남기고 떠나므로
기억의 지우개를 동원해야 할 경우도 있다

누구에게나 처음 만나는 순간
'퍼스트 임프레이션' 이라는 것을 감지하게 된다
연수를 더할수록 가중치가 조정되는 듯
왠지 마음에 끌리는 것은 무엇 때문인지
나약한 존재로서는 표현할 길 없다

요즈음 만나기 힘든 참신한 어느 시인의
금과옥조의 강론이 기다려지곤 했다
만 보의 사나이도 병상을 연연하다가
소중한 시간을 놓쳐 애석하기 그지없었다

좋은 만남은 아름다운 인생길의 통로가 되리라

동틀 때

낮 밤 바뀜은
혼돈상태에서 시작된
우주 섭리이다

칠흑 같은 밤
어둠 밀려가고
밝음은 오기 마련이다
아둥바둥해도 자연 순리
인간의 힘
닿지 않는 것 같다

먼 동틀 때 기다리며
바늘 실 허리 동여맬까
밤잠 흩트리는 선한 이들
잠잠히 하늘 문 열리게 하소서

봉숭아

유월이 오면
마당 앞 화단은
형형색색 꽃들의 향연이다

어머니는 봉숭아꽃을 솎아
백분에 이겨 손톱 위에 놓고
옅은 천으로 감싼다
얼마 후 아름답게 물들어 있다
자연 친화적 미용법이다
요즈음 화학제 출시로
다양한 색상이 넘친다
손톱의 성장에 도움이 되는
선조의 지혜를 엿볼 수 있다

인체에 해를 미치지 않는
아름다운 천연 염색제
복원되었으면 좋으련만

호스피스

이생의 삶
내려놓는 순간

갈급한 심령
영혼의 안식을 위한
천사들의 따뜻한 손길

아무런 대가도
기대하지 않는다
피안의 세계로
시계 톱니 바퀴는
쉼 없이 걸음을 재촉한다

가야 할 길
완급은 전능자의 소임
본향을 향하는 길손

호스피스의 간절한 기도
만남을 기약하면서
설렘으로 찬송가를 부르리라

오산리

가뭄의 대지에
내리는 단비처럼
한줄기 영성의 비〔雨〕
촉촉이 적셔 온다

고뇌와 병마로
아물지 않은 상처
치유와 은혜 동산 위에
시시각각 잠잠히 비춰주는 광명
기도하고 부르짖는 자의 간구
외면하지 않으신 지존자
하산의 발길 가볍기만 하다

알곡

농부들은
농사일을
자식 돌보듯
정성을 쏟는다

가을에
풍성한 수확을
기다리면서
구슬땀을 적신다

추수기가 되면
알곡과 가라지는
방향을 달리한다

식물이 어릴 때는
구별이 어려우나
성장 후에는
완연한 모습이다

우리의 삶도
쭉정이가 아닌
알곡으로 채워져
타작마당을
바라보는
전능자의 미소를
반기리라

얼꼴

얼은
마음과 정신
꼴은
그 형태를 나타내는
얼굴의 순수 우리말이다

사람마다 낯빛이 다르다
마음의 가치를 나타내는 척도
표정으로
그 사람의 성품과 이력을 짐작한다

번뇌의 노예가 되어
칠흑 같은 순간도
포기하지 않는 자
진정한 승자이다

2
줌 렌즈

강(江)

유유히 흐르는 저 강물
세월이 흘러가듯
끊임이 없다

수많은 사연을 담고
가다가 장애물을 만나면
보담기도 하고
비켜가기도 한다

포용의 심리를
간직한듯
거스르는 일은 없나니
그것이 본질인가 보다

조화

겨울을 지내온
수목 화초류
철 따라 다른 옷으로
갈아입는다

봄이 오면 꽃으로
여름이 되면 산과 들을
화려하게 수 놓는다
새들의 찬미와
조화를 이루며
자연의 수려한 기품을
빚어낸다

이 세상에도
성향과 모습이 다른
다양한 사람들로 살아간다
이념을 달리해도
사랑으로 감싸고 돕고 살다 보면
아름다운 진전이 있으리라

사문진

연륙교
건설 이전
화원 다산
군민들
목선에 의지하며
대도시로 향한다

하얗게
밤을 지새운
민초들
강바람에
생기마저 감돈다

혹부리 도선사
우렁찬 외침
사뭇 위엄스럽다

사문진 나루터
승객들의 사랑방

오가는 주민들의 정담
샘물 솟는다

이것이
사람 사는 참 맛이다

금쪽 세월

낯익은 이웃
한 분 한 분
자리를 비운다

기쁨은 잠깐
수고와 슬픔으로
점철되어온
고적한 인생길
이별의 미사 쌓인다

애당초
다스림 없이 흘러가는
금쪽 같은
세월을 보듬으며

해 묵은 때
밀어내고
마른 가슴 위에
조용히
이슬비 내리소서

가성비

단말기 베이커리
화장품점의 입구
가성비 좋은 제품이라는
문구가 선명하다

고객들이 지급한
가격보다
얻을 수 있는 효과가
어느 정도일는지
의문의 꼬리를 붙인다

순백의 마음으로
상(商) 도덕을 가슴에 안고
진 상품 만드는데 혼을 담노라면
고객의 입소문은 날개를 펴고
은연중 매출액이
상승 기류를 타리라

아나바다

일부 유관단체
입구 쪽
물자 절약
환경보호를 위한
덕목으로
'아껴 쓰고 나눠 쓰기
바꿔쓰고 다시 쓰기'
글귀가 안광에 반사된다

초등학교
인근 아파트에 살 때
이른 아침 운동장에
주민들이 모인다

연필 노트
학용품이 어질러져 있다
어릴 적
볼펜대에 몽당연필 꽂아
사용한 시절이 되살아난다

낭비성이 도에 이름은
누구를 탓하랴
어렵게 쌓아놓은 살림
되짚어 볼 기회이다

공성퇴

지경을 넓히기에
급급했던 고대사회

대륙을 누빈
알렉산더
칸 대왕이 그랬고
강한 힘은
약자를 짓누른다

전술상 우위를
점하려는 계책이
동원된다
성벽을 무너뜨리는
공격용 무기
공성퇴(攻城槌)
철옹성 같은
성벽도 성벽이 아니다

전후방이 불분명한

오늘날
핵무기의 위력에
몸이 움츠러든다

국경선의 용사
밤낮없는 경비
고요한 철책선
긴장의 끈 이어간다

꼰대

세대 간에
말다툼이 일어난다
생각이 다름을
인정하기는 쉽지 않다

자기중심으로
해석하기에
열을 받기도 한다
상대방의 입장에서
'그럴 수 있으리' 라고
돌아볼 여유가 아쉽다

꼰대는
늙은이를 이르는 은어
경험을 바탕으로
자기 주장이 옳음을
가르치려는 것이다

품격 있는

인생 선배의 모습
음전하고
존경스럽기도 하다

고향나루

소년 시절
뛰놀던 고향 산야
생각만 해도 향수 짙어가고

두메산골
정겨운 이웃
밤하늘 별처럼 한결같은 마음

궂은일도 자기 몫인 양
상부상조 온정의 손길
한편의 파노라마

소가족에
밀리어 가는 미풍양속
좁혀진 조리개 회복 기미 아롱이라

육신의 상처
항상성으로 아물어 가는데
영성은 시간 노력 그 몇 배인가

자비 은혜 자정작용으로
훈훈한 미래를 소망해 본다

폭포

어릴 적 시골 마을
뒷산에 폭포가 있었다네
여름철이면 장엄하게 밀려오는 물살에
등받이를 하기 위해 삼삼오오 모여들곤 한다

어른들은 신비한 약험(藥驗)이라도 얻은 듯
한껏 즐거워하는 모습이다
어린 소년은 너무너무 무서웠으나
물가 언저리에서 물장구를 치며 노는데 신명이 났다

용감했던 폭포도 섭리를 거스르지 못한다
가뭄에는 꼼작 없이 허약한 실체를 드러내곤 한다
인생도 같은 원리가 아니겠는가
만사형통할 때 속도 조절로 쉬엄쉬엄 달려나 보세

때론 장엄한 폭포처럼 투신의 용기

인생성적표

일생을 통해
이력은 쌓여간다

무난하게
세월의 파고를 지내왔는가
얼굴의 주름살이 설명한다

보름달처럼
환한 얼굴
일상에서 녹아내린 징표이다

평화로운 웃음이 그려져야
과락을 면할 것 같다

보검

그는
소지한 누군가에 의해
운명의 기로에 놓인다

의사에게는 의료용구로
나라를 지키는 장수의 장검으로
음식 조리사에게는 식도로
전지가위, 장식용 은장도로

다양하게
선행의 역할을 맡는다
드물게 족보에 빨간 불이 켜질 때
쓰디쓴 눈물이 방울방울 맺혀온다

장터 대장간 아저씨는 본질이 흔들리지 않기를
염원하는 마음으로 보람을 느끼며
정금 같은 보배 칼을 만들기 위해
오늘도 혼불을 지핀다
쫘악 쫘악……

교란

우리는
등 굽은 물고기를 만난다
태초에 지음 받을 때
온전하였으리라

중심축을 벗어난 무리수
생태계 질서 교란(攪亂)
차라리 반란
일개 미물의 황폐

바라보는 조상
부글부글
업보로 감당키에
엄청난 인위작용

폭우가 솟아지는 야음
무단 폐수 묘연
자정작용도 불급이라
수질 오염원 파수꾼이 되었으면

담금질

아프지 않고 오래삶은
사람의 기본 욕망이다
유전자 변형도 꼭지점을 헤맨다

명품을 위해 담금질하는 기공같이
사계절이 뚜렷한 기후 풍토
장수의 비결이라는 통계치니
하늘이 점지한 보금자리 같다

산골마을 맑은 공기 물
신토불이 제철의 자연식품
시황제의 불로초이다

등대

학창시절에
장래 진로가 결정된다
요즈음 전공 선택이
평생 직업으로 이어진다

해안의 등대는
저멀리 지평선에서
옳은 하늘길을 여는
좌표와 같다
소망의 항구로 진입을 돕는다
아무런 대가도 바라지 않는다

누군가의 등대라면
참 멋있는 인생이다

황소고집

힘이 세면서
막무가내인 고집쟁이
자기주장을 꺽지 않고 우기며
상대방의 의사를 멀리한다

옹고집 벽창호로
마음고생 많은 부부
사회적 존재감을 잊은 채
외길을 선택하는 부류들
뒤늦게 바른길로 들기도 한다
버스가 이미 떠난 때도 있다

남을 배려하는 마음
사회를 더욱 밝게 하리라

오지랖

말 말
말의 잔치다
부드럽고 순화된 말
들음에 주름지게 하는 말

원래 뜻과는 날리
언젠가 격이 낮아진 언어
'오지랖이 넓다'는 말
듣는 순간 감정선에 전류가 흐른다

말은 살아있는 인격체
선조들의 고운 말
지혜의 샘 같다

디딤돌

한옥 마루 아래 놓인 돌
디디고 오르내림을 돕는다

부모님은 자녀의
성공을 염원하는 기초 석이다
기대를 모았던
정상의 만남도
숙제를 풀기 위한 실마리
진실한 마음은
정의가 강물같이 흐르리라

몰입

일흔에서
추억을 헤맨다
젊은 시절
별 의미를 두지 않았다

일감이 있는 날은
수많은 잡념이
수면 아래로 내려앉는다

여유로운 틈을
놓치지 않는 사탄은
기승을 부린다
업을 쌓게 하나니
서예 교실의
늦깎이 만학도
몰입의 모습

피곤한 심신
단단하고 튼튼히 하는
보루와 같다

공평

심은 대로 거두리
콩 심은 데
팥이 나오면
이는
우주 섭리의 반란
불가능한 해법이다
있어서도 아니 될 일이다

나눔

어느 지역
택지개발 지구
보상금으로
동기간에 다툼이 일어났다

감정이 컨트롤 되지 않았는지
극단의 방법을 선택
유산으로 남겨준 선조
통곡할 일이다
그 얼마나
어리석은 일이겠느냐

나누고 베풂은
생명을 한치 더하리라

3
그리운 소도

가뭄 뒤 비

섬과 육지의
연결통로인
목선이 운행한다

섬민들의
문화시설은
취약한 편이다
간간히
뜻 있는 분의 배려로
위문 공연은 이루어진다
그날은
축제의 한마당
회관을 가득 메운
섬사람들에게는
생일날 같다

해묵은 상처를
내려놓고 잠시
마음의 평안을 누린다

짓푸른 밤하늘의

별들이 유난히 총총하다

유도화(柳桃花)

잎이 좁고 줄기는 대나무 같아
협죽도라 부르기도 한다
복숭아 꽃처럼 아름다우며
남쪽 지방에서 자생한다

독성을 함유하고 있어
벌 나비는 보이지 않는다
자태가 요염해도
생존의 위협으로
유혹을 감내하는 모양
그 모습 장관이다

일개 곤충의
자기 방어기제에 여운을 남긴다

동백꽃

다른 꽃들이
지고 난
추운 계절에
홀로 피어서
사랑받는 꽃

겨울철에
꽃이 핀다 하여
동백(冬柏)
주로 남쪽 섬에서 자생하는
붉은색의 꽃송이
줄기 끝이나 잎겨드랑이에 놓여있다

눈 덮인 동백
예쁜 풍광을 흘러 낸다
당신만을 사랑한다는
어느 여인의 간절함을
은연중 느끼게 된다

그리운 소도

남단의
외딴 작은 섬
섬 모양이 사슴을 닮았다

해질녘 무렵 한가로이 꼴을 뜯는 사슴
철 따라 꽃들은 몽오리를 터트린다
아름다운 풍경이다
햇수로 석삼년 추억이 서린 그곳

작은 사슴 섬은
늘 평온해 보인다
천형(天刑)이라는
무거운 짐을 가슴에 담고
기약 없는 내일을 마냥 그리다가
생(生)을 마감한 소도(小島) 사람

밤하늘의 별자리처럼
애틋한 사연이 나래를 편다

벽안의 엔젤

섬마을에는
'할메'로 통용되는
외국 수녀분이 있다

꽃다운 젊은 나이에
아무런 연고 없는
이국땅 이곳
외딴섬 한센 환우를
수십 년 돌보아 왔다

육신이 함몰되어가는
부위를 맨손으로 치료하는
'마리안느'와 '마가렛' 수녀님
친동기처럼 상한 심령을 치유한다

아무런 보상을
기대하지 않는 자원봉사자
마치 하늘이 파송한 천사 같다

Ich habe dich gerne.

수호탑

사슴섬
어구 우편에
포구를 바라보는
탑이 세워져 있다

한국전쟁 당시
환우들을 그냥 두고
차마 떠날 수 없어
섬민을 지키다가
최후의 순간을 맞이한
공직자들의 영혼을
위로하기 위한 탑이다

이웃사랑을
몸소 실천한 산 증거다
그분들의 숭고한 사랑
세월이 흘러도
우리들 가슴에
면면히 흐르고 있다

낙화암

녹동항을 바라보면서
시대의 비운을 간직한 바위

나라 잃은 슬픈 백성
자유가 그 얼마나 그리웠던가
무리수이련만
침략자의 혹독한 억압을
견디다 못해
밀·썰물 때를 맞추어
줄로 이은 깡통이 생명선인 양
낙화암(落花巖) 절벽 아래로 몸을 던진 이여
지난날을 회상하면서 고개를 숙인다

자유 자유 방종 아닌 자유
당한 자는 말하리라
소 잃고 외양간 고치는 어리석음
이 땅에서 영원히 멀어지기를

만령단

시월이 오면
먼저 가신 님을 위한
추념식을 올리는 사슴 섬민

돌아갈 머나먼 전라도 황톳길
몽매에도 잊지 못할 상처 입은 영혼을
위무한다

생전에 육신의 흔적이 담겨 있다
병마와 씨름하면서
한 많은 인고의 세월을 보낸 이들
백안의 수녀님과 만령단(萬靈壇)
안으로 발길을 돌린다
'친구야 잘 있었느냐' 외마디
애절한 부름은 가슴을 울린다
사랑은 국경을 넘나드는가 보다

영원한 안식처
하늘나라에서 영생 복락 누리소서

통곡의 장

일제 강점기
한센 가족은
어린 자녀와
격리되어 생활했다

정기적으로
만날 수 있는 통로
장안리 마을
도로선 경계로
먼발치에서
한편에는 아이의 이름을 외치고
반대쪽에서는 엄마하고 울부짖는
눈물의 바다

처절하고 슬픈 장면
하늘도 구름으로
가렸으리라

여수바위

섬 동네
백사장 언저리에
외롭게 보이는 바위

어느 날 밝은 밤
젊은 연인들이
늦게까지 정담을 나누다가
밀물 때가 이르러
바위 주위를 에워쌌다
썰물이 되기까지
그들의 사랑
겹으로 다지게 되었으리라

외양간에 묶여있던 송아지가
풀려나옴 같은 환희
사랑의 열매를 맺어주는 바위
축복받는
새 가정의 시작을 알린다

백록

사슴섬으로
새 가족이 들어 왔다
명칭에 걸맞게
어느 독지가의 배려이다

이들은
도란도란 무리 지어
들녘을 한가로이 거닌다

어느 날
희귀한 흰 사슴〔白鹿〕이
합세했다
석양 무렵
한 폭의 그림 같다
마냥 평화로워 보인다

진정한 청춘

인생에서
세월 따라 늙어감은
자연 순리
불로장생은 욕망 같다

노년에 이르러
더딘 셈과 활동의 제약은
생물학적 범주이다

탐구심 풍부한 상상력 용기
청춘의 덕목이다

포기는 인생 종착역
정진은 젊음의 표상
꿈이 있는 자
진정한 청춘이 아닐는지

동행

가을이 오면
초등교 교정은 시끌벅적
시골 마을 온통 축제 분위기
무릉도원인 양 근심·걱정 툴툴 털어낸다

운동회 휘나래
부모·학생간의 한쪽 발목 묶어 달리기
출발신호와 동시 첫 스타트는 승리의 관건
어느 한쪽이라도 선수 치면 낭패라

부정은 실격
바른 정신 바른 행동이 존재할 뿐
맞추기 쉬운 듯 보이나
보폭 조율을 위해 동행(同行)의 기교를 요한다

우리네 삶도
가족간의 화목은
한 폭의 산수화 원초적 갈망
관중을 열광케 하는
오케스트라 심포니 합창단원의 하모니다

동심

어릴 적
맑고 티 없는 모습에서
은연중 하늘 냄새 풍겨 나온다
자라가면서
변색하여 감은 여러 요인이다
자갈밭 옥토에 따라
식물의 성장이 다르다
척박한 땅을 개간하듯
있는 힘을 다하면 하늘도 움직인다
마음 깊은데
동심이 흐르리라

명품

누구나
거울과는 가까운 사이다
더함도 덜 함도 없이
그대로 묘사한다

가식은 허용 않는 듯
표정 변화를
투영해 온다
마음이 정결한 자
온화한 모습
각양각색

명품인생
마음에서 이루어진다

가둠

음산한 기류가 흐른다
스스로를 상자속에 두기도 하고
급류를 거슬러 오르는 말〔馬〕인 양
우직하기도 하다

인생의 시계추는 쉬지않고
안간힘을 다해도
터널 끝자락은 안개속이다

세상일 덧없으나
연한 바람의 미소를 반긴다

녹명

옛 선비는
콩 한 알도 나눈다
나눔과 배려의 심성

사슴이 맛있는 먹이를 놓고
굶주린 동료를 부르는 울음
녹명(鹿鳴)이라 한다
일개 짐승의 끈끈한 정

갑질에 눌린 자
별천지 독경 소리
베풂의 여운 아름다워라

무지개

여름 장맛비 뒤
반원 모양의 일곱 색깔
빨강 주황 노랑 초록
파랑 남색 보라 순으로
나타난다

초등 때는 멋모르고
찾아 헤매기도 하고
암송의 과제였다
신비하고 영롱해
감탄을 짓곤 한다
성장하면서 대기중
물방울이 햇빛을 받아
이루어짐을 깨닫게 된다

아름다움은 변화가 없다
색깔의 조합이 작품이다

스승의 날

5월 15일
스승의 날이다
스승에 대한 공경 표시로
카네이션을 달아 드린다
사제 간의 정분을 두텁게 쌓았다

스승의 그림자는
밟지도 않는다고 했다
장래를 밝힐 멘토이시다
마음에 먹구름 드리움은
씁쓸하기도 하다

스승의 길에 철책선을 겹으로
놓지 않기를 바라면서

산성

고대로부터
외적의 침략을 막고
나라를 지키기 위해 성벽을 쌓았다
산지 지형을 이용하는
산성(山城)의 흔적이 보존되어 왔다

백성들을 보호하고
평화롭게 생업에 종사하기 위한
방어용 시설물이다
국방이 튼튼하지 못하여
끊임없는 외침으로 수난을 당한 민족
디지털 시대에
마음의 무장도 살펴볼 때이다

마중물

한 바가지 물
보잘것없어 보인다
펌프 작동의 시발점
깊은 샘물을 퍼 올린다

조그마한 동기부여도
결과는 엄청스럽다
노력이 큰일을 이룬 심볼

처음 출발은 미약하나
나중은 단단하도다

육생비오톱

신축아파트 단지
오솔길을 거닐다
이색적인 팻말이 돋보인다

생소한 느낌
'육생비오톱'
육지에 사는 생물
비오스 생명, 토프스 땅
생물이 모여 사는 서식지이다

도심지 곳곳
단절되어 가는
자연생태계 복원
동식물의 생활 터전
돌무더기 화초류로 조합을 이룬다

어울려 사는 세상
미래를 밝힐
새싹들의 산 교육장 같다

맞나요

세상살이
뒤숭숭하니
믿어지지 않아
확인하려는
젊은 세대 언어이다
여러 번 확인은
시행착오를 낮춘다

도덕에 뿌리 둔
기성세대에
달갑지 않은 표현이다

정의가 하수같이
맑고 투명한 풍토를
갈망해 본다

4

능선을 향하여

그리움

지난 세월
수많은 사연
각인되어
잠을 설치게 한다

인생 후반
우리의 뇌는
장기기억에 익숙한가 보다
세월의 여울목에서
삶을 느낄 수 있는
그리운 얼굴들을
더듬어 보게 된다

후회스러운 면면이
파노라마가 되어
뉘우침은
맑은 영혼을 호흡하게 한다

어렴풋이 떠오르는

얼굴을 더듬으면서
오늘 하루도
서서히 지나간다

범례

그대는
고상한 사람이다
눈빛으로도 상대의
내심을 읽는다

그대는
괴팍한 사람이다
왕고집을
꺾지 못하노라

도상에 좌표는
목표물의 위치를
나타낸다

범례(凡例)는
내용을 알기 쉽게 한
본보기이다
살아가는 방향키 같다

그대는
좋은 체취를
느끼는 인격체이다

낭구*

내가 낭구라면
한 번쯤
오기를 부릴 만도 하다

내가 낭구라면
일생 당하고 살기에는
가슴 벅차다

내가 낭구라면
가끔 산소통을
중단할지 모른다

내가 낭구라면
목재로
쓰임 받지 않을 것 같다

내가 낭구라면
나무 관세음보살께
고하리라

제발
이타적 삶의 끈을
놓치지 말라고

때가 이르면
이 또한 후회하리라

* 낭구 : 나무의 방언.

능선을 향하여

힘든 길
순탄한 길
출발점에서
제 길을 향한다

도중에
변화를 시도하는
모험도 보탠다
목적지는 하나이다

능선에 다다르면
무거운 짐 내려놓고
육신의 옷 챙길
채비를 하게 된다
유한한 인생살이
아닐손가

광명한
다음 세상을 향하는

안내자를 만나
영혼의 쉼을
누리리라

감가상각

기업의 수익에
사용된 건물 기계 설비 등
고정자산은
시간의 경과로
감모가 일어난다
수리 보수비로
매해 일정액을
충당금으로 적립한다

사람도
나이가 들면서
어느 시점에 이르면
고장 신호를 보내온다
무리하지 않고
잘 관리한 사람은
활동을 계속해 간다

생체 시계를
외면하는

자연 순리 역행은
몸의 반란으로 이어진다

자물통

현관
서류
귀중품
보관함에
쇠로 된 장치는
선택의 틈이
없는 듯하다

쇳덩어리
구실은 사뭇 다르다
장인들은
자물통 다운 자물통을 위해
얼굴에는
땀방울이 젖어든다

모르쇠로
홀로 되새김하며
고뇌하다
차가운 자물통 되어

벽으로 다가온다

순간의 착오
깊은 숨 지으며
사탄의 덫에
미혹되지 않도록
옷매무새를
당겨야 하리다

용사의 늪

조마조마스런
155마일 철책선 아래로
고요가 깃든다

두 동강 난 조국
저 멀리서 아련히 들려오는
숲속 정령들의 탄식

못다 핀 꽃망울
늪 산야에 묶어둔 체
애환을 달래며
디엔에이 DNA에 연연하도다

덧없이 가는 세월
가족의 품이 그리웁구나
어릴 적 뛰놀던 고향 산하
몽매인들 잊을 수 있으랴

평화로운 시절

번영을 갈구하는 영령
이름도 빛도 없는 용사들
나라 사랑 일념으로
새 하늘 새 땅이 열리고
청사에 길이 남으리라

티 없이 맑은 영혼
자유함은 남은 자의 몫
하나로 된 모습 기리는 넋이여
여명(黎明)이 밝아오고 있도다

갈대

가냘파 보이면서
기민한 몸짓

저 멀리 지평선에서
태풍이 눈망울을 굴리면
동자에 이슬이 맺혀 온다

바람에 넘어질 듯하면서
허리를 고추 세우고
비굴하면서 비굴하지도 않다
유연은 타고난 소산인 듯

허공에 매달린
외줄 타기 광대인 양
아슬아슬한데
율동하는 네 모습 정겹기도 하다

상한 갈대라도 아름답다
코디를 위해 꺾지는 말아다오

풍경소리

적막한
산사의 풍경소리
은은하면서도 애잔하다
느낌은 대상에 따라
달리 해석되리라

고요가 이어지는 밤
밤공기를 가로지르며
중생의 얼룩진 그림자
카타르시스 하는 양
바람은 쉴 새 없이
소리의 울림을 조정한다

짙은 업을 내려놓으라는 듯
상구보리 하화중생이라

메아리

산 정상에 이르면
누구나 한 번쯤 '야호'를 외쳐 보곤 한다
아득히 먼 데서도 교신을 보낸다
톤의 고저에 따라 건반을 두드리듯 음폭의 율동

산을 통한 무한의 혜택
그의 무릎에서 기르는 약재, 식자재로
명줄을 이어가야 하나보다

뭇 손길에 의한 고초도 감내하고
온갖 오염물을 수용하는 팔잔가
수난에 담금질 된 시금석인 양

속세적인 셈을 비아냥하듯
아련히 들려오는 숲속의 정령들과
묵묵히 제 길을 가고 있는 것 같다

힘차게 '야호'를 외쳐보라
세파에 얼룩진 마음이 표백작용을 일으킨다
그래서 산이 참 좋은가 보다

산에서

남단에 살 때
주말이면 일상을 벗어나 동료들과
산행을 하곤 했다

명산이라면 많은 인파로 수놓았다
건강에 좋다는 '피톤치드'의 바람은
널리 회자되고 있다

한그루 나무의 산고를 아는 둥 모르는 둥
이기심으로 가득 찬 중생의 심사를
'카타르시스' 하는가 보다

산이 좋아 산을 찾노라면
한번쯤 시산제라도 올리면 어떨까
광활하게 펼쳐진 산야들의 아량에 침묵한다

* 피톤치드 phytoncide : 수목이 내뿜는 자연 항균물질.
스트레스 해소, 심폐기능 강화에 효과 있다함.

모정

어릴 적
시냇가에서 놀다가
사고를 당했다

후유증으로 몇 년을 시달려 왔다
그 누구보다 가슴 아파하셨고
간호에 혼신을 담으셨다
꿈과 용기를 심은
삶의 스승이요, 멘토시다
겸손과 친절이 몸에 베어졌다

만 분의 일도 보답지 못했다
시름만 쌓이게 했으며
깨달을 때 이미 본향 집으로 향한 후다
자녀를 위해 부모님은 기다릴 여유가 없나보다
생전 따뜻한 한마디의 말
큰 위안이 될 줄을……

해가 거듭될수록
어머님 많이 그립습니다

그래도 되나보다

나이테가 겹이 쌓일수록
어머니의 정 깊어간다
먼동 트기 전부터
별자리 앉을 때까지
고된 가사에 외색 않고
시부모 자녀 뒷바라지로 골몰은
어머니의 공통분모인 양

자신의 몸 헌신 모습
그래야 하는 줄 알았다
철없는 시절
적은 손이 되었어도
허리 한번 펴 볼텐데
기적소리는 옅어져 가고
영생복락 발원하며
내세 보답을 다잡는다

장터

오래전
시골읍내
닷새마다 열리는 시장
물품 사고 파는 유통센터

할머님 손에 매달려
시장구경 하는 날
어린시절 그 광경 생생하다

정겹고 순수한 동아리
돼지국밥 막걸리
애주가의 흥겨운 가락
약장수 고무신 땜질공
뚝옆 우(牛)시장 음메장단
수채화 한폭 향수에 젖고
사람사는 맛 영혼도 두둥실

당산나무

마을 어귀에
신수(神樹)라는
오래된 팽나무 한 그루
마을을 지키는 정령이 깃들어 있어
잎이 한꺼번에 피면 그해 풍년
듬성듬성 피면 흉년이 든다는 토템

여름철 나무 밑은
자연 건강 에어컨이다
초석 자리를 들고 피서하는 노인
어린이를 비롯해 주민 휴식처
이야기꽃이 피어 오른다
마을 생활 정보지 역할도 한다

공동체 삶의 원초이다
상부상조의 보금자리
예의범절의 산 교육장
어른 공경 화목의 한마당이다

빈 손

연약한 주먹 쥐고
고고의 신호를 보낸다

고난을 연단하면서
입신의 가도로 방향을 잡는다
팽이 놀이같이 곡마장을 벗어나
밝고 맑은 밑그림을 채색한다

때가 이르면
손을 편 형태로
커튼을 내리는 연출자
아등바등해도 외길뿐인 듯
색은 공이요 공은 색이라는
色卽是空 空卽是色 교리가
마음에 내려앉는다

매 순간에 무게를 실어
행복한 삶을 누려 보세

나비효과

나비의 날갯짓
날씨의 변화를
가져올 수 있다니

상관없어 보이든
작은 일들이
결과에 미치는 영향 크도다
우주 패권국의 신용등급 강등
주식시장에 빨간 불 켜진다
지구촌 어디엔가
조그만 변화로 예측 어려운
현상이 펼쳐진다

개미 한 마리가
제방 둑을 허문다는데
사소한 사건이라도
점검이 우선 과제이다

산사

삼각산 둘레길이 지나는
산기슭의 전통문화 사찰
신도들은 기도와 불공을 드린다
오체투지로 탐진치에서
벗어나려는 애틋한 중생

공양 시간이 되면
식당은 붐빈다
자원봉사자의 손길이
빠르게 움직이는 모습

산사의 주지승
불도 교육에도 정성을 쏫는다
휴식 시간에 어지러이 널려있는
신발을 정돈하는 모습 지도자의 품격
겸손의 일면 같다

템플스테이에서 재충전하고
산을 내려가는 보살
얼굴은 한결 밝기도 하다

뻐꾸기

시골의 산지 숲
여기저기에서
뻐꾹 뻐꾹 삐삐삐삐
정연한 장단은
한여름이 깊어감을 알린다
송충이를 즐겨 먹는다는 두견과 새

농부의 두꺼워진 손
어루만지는 듯 뻐꾸기의 소리에
들판의 오곡은 황금색을 그리며
제 모양을 찾아나선다

코스모스 길

연도 변에
긴 행렬을 지어
곱게 피어 있다
순수하고
청아하다

흔디 흔하여
귀인 대접을 단념한 채
척박한 땅을 가꾼다

바람이 불어오면
넘어질 듯하면서 고추 세우고
약한 듯하나 강하다

큰 줄기는
어린줄기를 감싸는
다정스러운 동기의 우애
코스모스 언덕길을
함께 거닐던
옛 벗이 그리워진다

함량미달

산을 찾는 이들
정상에 이르러
그 희열감 상상해 본다

고지가 저기인데
어떤 이는 오 부 칠 부 능선에서
하산하기도 한다
정상을 눈앞에 두고
안타깝게 물러나야 함은

체력의 한계
평소 관리가 요지임을
뒤늦게 후회하게 된다

5
광야를 지나

밤숲

사방 향기 그윽다
체액 섞인 듯한 내음

밤꽃 필 무렵
일벌들이 줄지어 가고 있다
감로수를 운반하는 모습

수확기에 이르면
열매 점점 영글어 가고
석류알처럼 톡톡 얼굴을
내밀어 방끗한다

남아의 상징
알밤 한 줌 폐백실 신부
치마폭으로 우수수 낙하
유풍은 시대를 넘나드는가 보다

밤숲 사이로 바라보는 세상은
맑고 아름답기도 하다

낙엽

한 잎
두 잎
세 잎
사뿐히 내려온다

유난히 무더운 날씨
이겨내고
제 몫 다한 듯
바람이 울렁일 때마다
옷들을 벗어가는 나무

매년 찾아오는
정다운 님을 환영한다

아사목

지난 몇 해
산책로 길섶에
가지런히 도열된
벚나무들
봄이 오면
장관을 이루었다

내년에는
감상이 어려울 것 같다
송충이가 여름내
잎을 갉아 먹었다
광합성 작용이 지체되니
아사목의 처지가 되었다

이맘때쯤
수목이 옷을 갈아입는
가을인데
민틋한 둥지에
음산함이 감돈다

바이러스로
구충 작업을 실기한 탓인가

광야를 지나

저 높은 곳
본향 집을 바라보면서
거칠고 힘든 일상에서
내세를 바라본다

주위에
온기의 여운을 남기며
삶을 마무리한다
절대자의 부름 받아
부모님의 품으로
돌아가리라

광원(廣元)

어두움과
외로움으로 충만하다
여정에서
우리는 복병을 만난다

어려운 상황에 놓이면
우왕좌왕하기도 한다
광야를 헤매며
연단을 쌓아간다

강대국조차도
코로나바이러스로
유약한 본체를 드러낸다

광원(廣元)의
앓는 소리에
귀를 세워야 하리라

태초의 자연 모습을
연연한다

애가

향년 오삼
만개의 꽃 피울 즈음
부름 받은 몸

하얀 색
영롱한 무지개의 상심
노모(老母) 가슴 후비는 효심
미망인의 탄식 아이들 그리움
친지 애도 물결 어찌 형언하리오

용인에서 훗날 기약하면서
심층 저변 저며오는 애잔함
민물처럼 밀려오는데
돌아서야 하는 무거운 발길

고통 없는
이 세상에서 못다 핀 꽃
송이송이 열매 맺으리라
속속들이 스며드는 아픔

이별의 애가(哀歌) 목메 불러 본다

낮 밤 쌓인 잔영
남는 자여
세월이 그나마 약이겠지요

—종태 조카를 기리며
(서울대학교, 美. 일리노이 주립대학원 졸 국영기업체 근무)

반딧불

여름 밤하늘
귀신 불이라는 개똥벌레
마땅한 놀이감 없던 시절
아이들의 인기종목
벌레의 꼬리불〔火〕과 눈〔雪〕빛
입신양명의 대명사이다

자신의 몸 희생으로
노랑·황록색 발광하는 생물
반딧불이 시나브로 사라져감은
환경오염 주원인이라

교감이 이루어진
고즈넉한 시골 풍경 그려본다

자작목

한설 지대
하얗게 도열한 교목
언약한 듯하나 강인한 모습
서식지의 미련을 접는 미덕
줄기 용도 다양하다
정열과 순수한 자태 눈길 모으며

이타성은
현실에 안주하려는
만물의 본인 양
자작나무의 진수를 알리라
햇살이 비칠 때
은백의 순결을 더해 준다

달집 태우기

정월 대보름
우리 민족의 명절
색동치마 저고리 입고
강강술래 곡을 돌아가며 불렀다

밝은 달을 바라보며
짚으로 만든 달집을 태우며
소원을 빌기도 하고
오곡밥과 다섯 가지 나물로
가족의 건강을 챙겼다
복조리도 등장한다

미풍양속 아른해감은
일상이 녹록지 않아서인지
점점 매말라가는 모습
훈훈한 정을 나누는
지혜로운 마음 연연해 본다

나그네

원점에서 원점으로
귀의하는 인생길
속도의 완급은 자연의 섭리

어떤 이는
주변을 돌아볼 여지를
닫아놓은 체
직진으로 일관하기도 한다
욕구성취에 몰입해
밤낮이 불분명한 계층

어느 시점에 이르러
걸어온 길에 빨간 불이 점멸함에
점검단계에 이르렀음을 감지한다
나그네 여정에서 페달 조정은 쉽지 않다

자아 기제를 통한
후회 없는 삶의 향유
천상과 지옥이 현실에도 생존하기 마련이다

좌우명

사람은 누구나
지향하는 목표가 있다
어쩌면 성취를 위해 일생을
달리는지 모른다
가가호호 가족을 위한
좌우명은 일반화되어있다

우리의 가훈은
'무한불성(無汗不成)' 이다
땀을 흘리지 않고 이룰 수 없다는 뜻
노력의 중요성을 암시한다

경전에도 '노는 자는 먹지도 말라' 는
글귀를 접할 때 새 힘을 준다
살기 위해서는 영양분 제공은
필수요인 아니겠는가

좌우명에 그늘이 나리지 않게
열심히 살아왔으나

돌이켜보면 미흡한 것 같다
땀을 더 흘려야 했는데

숲을 존중한다

이는 군집의 표상
홀로 일어서기보다
뭉치는 힘

어떤 고난이 휘몰아와도
감내하는 모습 장관이다
긴 통로를 지날 때마다 신비를 더한다

물 흙 해와 보완재
공기정화 방풍림 목재 산삼 송이 식품 약재류
수없이 내보내오는 천사 같다

저 멀리 아련히 들려오는 숲의 정령들과
홀대도 시비도 않고 응어리진 설움 나이테 되어
세상사에 기여한지 몇 해야 묻지도 않는다

이타적 삶의 표본
쉼 없이 스스로를 산재물로
묵묵히 제일 다하는 한적한 숲속을 거닐며
나그네는 고개를 숙인다

이별

만남과 떠남은
흔히 있기 마련이다

흔들림 없는 동행
바램 없을 듯한데
사탄은 기회를 노리고
속앓이하며
보내고 떠나야 함은
애닯도다
생채기만 남긴 채

항구에 정박 중인 선박인 양
이것이 인생인가 보다

미꾸라지

도랑 용수로
진흙 깔린 곳에서 산다

봄 여름 살이 올라
맛을 높인다
단백질 비타민 함량 높아
보양식이다
농촌에서는 촘촘한 그물 통발이
유용한 기구다
미끄러워 손으로 잡기는 어렵다
교묘히 책임을 벗거나 흙탕물로
부정적인 말로 인용된다

육체적 정신적 영적 건강을
권장하는 보건기구의
깊은 뜻은 파장을 일으킨다

석두

흔히들
머리에 든 것이 모자라면
빈정거리는 말투이다

모양이 일그러져 버린 돌
모퉁이 돌로 귀히 쓰임 받나니
하늘은 공평도 하다

재능을 찾아가는 길
복된 인생의 관건임을
짧은 여정
그림자 선명하게
추억 곱디곱게 쌓아가세

촛불

자기 몸을 태워
어두움을 밝힌다
짙은 밤 현란하다

정의의 사도로
불의에 대항하는 무언의 도구
때론 축하의 징표로 동원된다

일생 남을 위해
고통을 감내하는 희생양
지나친 욕망으로
마음 아프게
눈시울 적시지 않기를 바랄 뿐이다

세모

한 장 남은
달력을 보면서
다사다난했던
기해년도
역사의 뒤안길로
서서히 막을 내린다

지난 세월
한 일도 많은 것 같은데
막상 뇌리에 잡히지 않는다
연초의 계획들은
늘 미완성의 곡이다

암울하기도 한 현실에서
하늘의 곡조가 울려오는
평안과 화합의 새해를
소망해 본다

세월을 아끼세

과거는 지나간 시간
오늘과 내일에 정성을 쏟게나

시간은 냉혹하기에
지난 세월은 되돌릴 수 없다

미래의 비전은
역동적인 삶으로 전환한다

과거에 노예된 자
일생을 그르치게 되나니

천부의 매뉴얼을 품고
매 순간에 무게를 두는 모습

그 어찌 아름답지
않을 손가

올곧은 길

진실은 언젠가
수면 위로 고개를 내민다
남에게 손해를 입히면서
허욕에 짓눌려
욕심의 바다 위를 헤매는
어리석은 무리

정의가 하수같이 흐르는데
물질을 행복으로
방향을 잘못 잡는다
올곧은 길을 가는
마음 따뜻한 사람에게는
진한 과일향이 난다

마라스머스

온몸의
힘이 사라지고
시름시름 앓다가
성장을 멈춘다

외롭게 자라는
어린아이에게
나타나는 이상한 병명
영양부족도 병도 아닌
어머니의 체취를
느끼며 재롱부릴 시기
사랑의 결핍이 원인이라니
누군가의 따스한 손

스킨십은
물질공급을 누르고
사랑의 힘을 재생한다
접촉을 통한 순수사랑
허물도 멀어지는

생명의 묘약이라

서로 사랑하라는 말씀
가슴에 자리 잡는다

원족

유소년기
시골 학교는
고궁 유원지로
나들이를 간다

철없는 나이
마냥 기쁘고
즐거운 날이다
가방에
물 도시락을 챙긴다

스승의
인도에 따라
온종일
부푼 가슴 안고
보물찾기
술래잡기로
원족의 하루가
지나간다

햇살이
서산마루에
앉을 즈음
소풍도 막을 내린다

우리네 인생도
수한(壽限)을 다하는 날
창조주의 품으로
돌아가리라

| 해설 |

절대자를 향한 자유 진술서

절대자를 향한 자유 진술서

정성수(丁成秀)

(시인·한국문인협회 부이사장)

박지훈 시인의 시집 『능선을 향하여』는 한 마디로 말하자면 절대자를 향한 특별한 자유 진술서이다. 그의 생에 대한 진술은 너무나도 정직하고 진솔하고 순결하다.

시의 생명 중의 하나는 바로 눈앞에 펼쳐진 자신의 생과 우주와 신 앞에서의 거짓없는 진정성이다. 그것은 생각하는 영혼인 인간만이 보여줄 수 있는 지상에서 가장 아름답고 순결한 자기고백이다.

그의 시는 현세와 사후 피안의 미래에 대한 기도와 찬송, 혹은 이승에서 펼쳐지는 하늘의 섭리에 대한 산 자로서의 고대를 노래하는가하면 뜨거운 생을 위한 준비와 노력, 6·25사변과 자유와 평화의지, 가족에 대한 어머니의 희생과 봉사, 어린 시절의 친구에 대한 그리움, 생을 마무리하고 절대자의 품으로 돌아가는 인간의 숙명 등을 특별한 시적 기교를 부리지 않고 정공법으로 진솔하게 노래한다.

다음 시를 살펴보자.

이른 새벽
멀리서 들려오는
은은한 예불소리
중생의 마음
가다듬는다

고요의 바다로
나아가는 돛단배
만선의 부푼 가슴
설레게 한다

손뼉 치며
종을 울리며
빛을 보리라

—「기대」 전문

제1연에서는 '이른 새벽/ 멀리서 들려오는/ 은은한 예불소리/ 중생의 마음/ 가다듬는다' 라고, 절에서 들려오는 기도소리를 들으며 시적화자가 자신의 마음을 추스르는 것을 노래한다. 생에 대한 일종의 경건한 자세이다.

제2연에서는 '고요의 바다로/ 나아가는 돛단배/ 만선의 부푼 가슴/ 설레게 한다' 종교적 심령세계로 젖어든 시적화자의 영혼의 항해가 스스로 뜨거운 불심을 느끼게 한다.

제3연에서는 '손뼉 치며/ 종을 울리며/ 빛을 보리라' 라고, 해탈에 의한 뜨거운 법열의 순간을 노래한다. 여러 가지 인간적 욕망과 번뇌와 고통 속에서 벗어나는 환희의 순간을 기대하는 시적화자의 간절한 염원이 서려있다.

다음 시를 살펴보자.

어릴 적 시골 마을
뒷산에 폭포가 있었다네
여름철이면 장엄하게 밀려오는 물살에
등받이를 하기 위해 삼삼오오 모여들곤 한다

어른들은 신비한 약험(藥驗)이라도 얻은 듯
한껏 즐거워하는 모습이다
어린 소년은 너무너무 무서웠으나
물가 언저리에서 물장구를 치며 노는데 신명이 났다

용감했던 폭포도 섭리를 거스르지 못한다
가뭄에는 꼼작 없이 허약한 실체를 드러내곤 한다
인생도 같은 원리가 아니겠는가
만사형통할 때 속도 조절로 쉬엄쉬엄 달려나 보세

때론 장엄한 폭포처럼 투신의 용기

—「폭포」 전문

제1연에서는 '어릴 적 시골 마을/ 뒷산에 폭포가 있었'고, '여름철이면 장엄하게 밀려오는 물살에/ 등받이를 하기 위해 삼삼오오 모여들'었다고 노래한다. 폭포 아래서의 순수한 영혼들이 벌이는 등받이놀이.

제2연에서는 '어른들은 신비한 약험(藥驗)이라도 얻은 듯/ 한껏 즐거워하는 모습이'고 '어린 소년은 너무너무 무서웠으나/ 물가 언저리에서 물장구를 치며 노는데 신명이 났다. 폭포에 대한 두려움, 즉 한 번도 경험해보지 못한 낯선 세계에 대한 공포, 그것을 극복하고 폭포 언저리에서 즐겁게 물장구치는 천진난만하던 어린 시절을 노래한다.

제3연에서는 '용감했던 폭포도 섭리를 거스르지 못한다/ 가뭄에는 꼼짝없이 허약한 실체를 드러내곤 한다/ 인생도 같은 원리가 아니겠는가/ 만사형통할 때 속도 조절로 쉬엄쉬엄 달려나 보세'라고 앞으로 닥쳐올지 모를 생의 고난에 미리미리 대비하는 삶의 지혜를 이야기한다.

제4연에서는 '때론 장엄한 폭포처럼 투신의 용기'를 발휘, 거친 생에 대한 강렬한 도전의지와 용기를 노래한다.

다음 시를 살펴보자.

한 바가지 물
보잘것없어 보인다
펌프 작동의 시발점
깊은 샘물을 퍼올린다

조그마한 동기 부여도
결과는 엄청스럽다
노력이 큰일을 이룬 심볼

처음 출발은 미약하나
나중은 단단하도다

—「마중물」 전문

일종의 교훈시. 제1연에서 '한 바가지 물/ 보잘것없어 보인다/ 펌프 작동의 시발점/ 깊은 샘물을 퍼올린다' 저 깊은 지하에서부터 지상으로 물을 끌어올리려면 우선 한 바가지의 물이 필요하다.

마중물. 그 적은 한 바가지의 물이 땅속에 숨어있는 깨끗한 지하수를 펌프 밖으로 퍼올린다. 마중물이 없다면 그것은 거의 불가능한 일이다. 생에 대한 일종의 교훈.

세상사 모든 일 첫 출발이 얼마나 중요한 것인가를 이 제1연은 그야말로 단적으로 보여준다. 긴 설명도 필요없고 특별한 미사여구도 필요없다. 상황을 통한 비유의 중요성을 다시 한 번 실감할 수 있는 대목이다.

제2연에서는 '조그마한 동기 부여도/ 결과는 엄청스럽다/ 노력이 큰일을 이룬 심볼'이라고 제1연을 부연 설명한다. 이 상황은 하나의 심볼(상징)이라고 지적, 인간의 의지와 노력에 대한 적절한 의미부여를 하고 있다.

제3연에서는 '처음 출발은 미약하나/ 나중은 단단하도다'라고 성경 구절을 인용, 시의 주제를 보다 확실하게 심층 강화시킨다.

다음 시를 살펴보자.

힘든 길
순탄한 길
출발점에서
제 길을 향한다

도중에
변화를 시도하는
모험도 보탠다
목적지는 하나이다

능선에 다다르면
무거운 짐 내려놓고
육신의 옷 챙길
채비를 하게 된다
유한한 인생살이
아닐손가

광명한
다음 세상을 향하는
안내자를 만나
영혼의 쉼을
누리리라

—「능선을 향하여」 전문

제1연, '힘든 길/ 순탄한 길/ 출발점에서/ 제 길을 향한다. 여러 가지 가야 할 길 가운데 시적화자가 오래오래 가야 할 현재와 미래의 인생길을 선택하는 과정을 노래하고, 제2연, '도중에/ 변화를 시도하는/ 모험도 보탠다/ 목적지는 하나이다'. 보다 뜻깊게 목적지에 닿기 위해 때로는 모험도 불사한다. 선택한 운명에 대한 도전과 응전이다.

제3연, '능선에 다다르면/ 무거운 짐 내려놓고/ 육신의 옷 챙길/ 채비를 하게 된다/ 유한한 인생살이/ 아닐손가'. 더 오를 수 없는 죽음의 고지에 다다르면 그동안 두 어깨에 메고 온 무거운 생의 짐을 다 내려놓고 홀가분하게 알몸의 영혼이 된다.

제4연, '광명한/ 다음 세상을 향하는/ 안내자를 만나/ 영혼의 쉼을/ 누리리라'. 죽음 뒤의 저 세상 극락세계로 가서 시적화자의 영혼이 안식과 평화를 누리게 될 것을 노래한다.

다음 시를 살펴보자.

조마조마스런
155마일 철책선 아래로
고요가 깃든다

두 동강 난 조국
저 멀리서 아련히 들려오는
숲속 정령들의 탄식

못다 핀 꽃망울

늪 산야에 묶어둔 체
애환을 달래며
디엔에이(DNA)에 연연하도다

하나로 된 모습 기리는 넋이여
여명(黎明)이 밝아오고 있도다

—「용사 의 늪」 전문

제1연, '조마조마스런/ 155마일 철책선 아래로/ 고요가 깃든다'. 6·25사변 당시 포연 속에 휩싸였던 휴전선의 철책선 아래가 잠시 전쟁을 잊은 듯 불안하게 고요하다.

제2연, '두 동강난 조국/ 저 멀리서 아련히 들려오는/ 숲속 정령들의 탄식'. 남북으로 갈라진 조국 땅 저쪽에서 포성과 총탄과 수류탄 속에 죽어간 병사들의 쓰라린 탄식소리가 숲밖으로 울려나오는 것만 같다.

제3연, '못다 핀 꽃망울/ 늪 산야에 묶어둔 채/ 애환을 달래며/ 디엔에이(DNA)에 연연하도다' 조국통일과 영원한 평화의 꿈을 이루지 못한 채 산화한 젊은 영혼들의 슬픔과 기쁨을 달래주며 한겨레 백의민족의 피를 잊지 못하다.

제4연, '하나로 된 모습 기리는 넋이여/ 여명(黎明)이 밝아오고 있도다'. 통일한국을 고대하고 기다리는 젊은 영혼들, 남북통일의 광채가 비쳐오고 있지 않느냐. 즉 민족통일에 대한 순결한 염원을 노래한다.

다음 시를 살펴보자.

연도변에
긴 행렬을 지어
곱게 피어있다
순수하고
청아하다

흔디 흔하여
귀인 대접을 단념한 채
척박한 땅을 가꾼다

바람이 불어오면
넘어질듯 하면서 고추세우고
약한 듯하나 강하다

큰 줄기는
어린 줄기를 감싸는
다정스러운 동기의 우애
코스모스 언덕길을
함께 거닐던
옛벗이 그리워진다

—「코스모스길」 전문

제1연, '연도변에/ 긴 행렬을 지어/ 곱게 피어있다/ 순수하고/ 청아하다'. 사람들이 다니는 길가에 길게 줄지어 서 있는 코스코

스꽃들이 너무나도 아름답게 보인다.

제2연, '흔디 흔하여/ 귀인 대접을 단념한 채/ 척박한 땅을 가꾼다'. 너무 흔해서 사람들로부터 귀한 꽃대접도 받지 못한 채 도로변의 척박한 땅을 향기로운 꽃의 대지로 바꾸어놓는다.

제3연, '바람이 불어오면/ 넘어질 듯하면서 고추세우고/ 약한 듯하나 강하다'. 여기서는 코스모스의 특성을 노래한다. 금방 지구 위로 쓰러질 듯 다시 일어서는 약한 듯하지만 실제로는 생에 대한 의지가 강한 코스모스 예찬이다. 사람으로 치면 그야말로 외유내강형이다.

제4연, '큰 줄기는/ 어린 줄기를 감싸는/ 다정스러운 동기의 우애/ 코스모스 언덕길을/ 함께 거닐던/ 옛벗이 그리워진다'. 코스모스 큰 줄기가 작은 줄기를 감싸듯이 서로 의지하며 다정하게 지냈던 지난 날의 옛친구가 마냥 그립다.

이처럼 박지훈 시인의 시는 쓸데없이 난해하지 않고 진솔한 목소리로 독자에게 다가온다. 억지로 서툰 기교를 부리지 않고 일부러 시를 현학적으로 과대포장하지도 않는다. 생과 자연과 사물에 대한 깨달은 자로서의 진정성, 이것이 그의 아름다운 주특기이다. 앞으로 더욱 시의 길에 용맹정진, 빛나는 작품들을 많이 남겨주기 바란다. 그것이 시인이 이 땅에 존재하는 이유이다.

박지훈 시집_ 능선을 향하여

초판 인쇄 | 2021년 9월 25일
초판 발행 | 2021년 9월 30일

—

지 은 이 | 박지훈
발 행 인 | 이광복
편집국장 | 김밝은

—

펴낸곳 | 사단법인 한국문인협회 月刊文學 출판부
주소 | 서울시 양천구 목동서로 225 대한민국예술인센터 1017호
전화 | 02-744-8046~7
팩스 | 02-743-5174
이메일 | klwa95@hanmail.net
등록 | 2011년 3월 11일 제2011-000081호
ISBN 978-89-6138-467-4 03810

—

값 10,000원

—

잘못 만들어진 책은 바꾸어 드립니다.